ro
ro
ro

TOM BOBSIEN

# DAS DATE MIT DIR SELBST

## DEEPTALK

ROWOHLT TASCHENBUCH VERLAG

**Wichtiger Hinweis**

Die Übungen und Informationen in diesem Buch wurden mit größter Sorgfalt erarbeitet. Alle Leser:innen sind jedoch aufgefordert, selbst zu entscheiden, ob und inwieweit sie die Anregungen in diesem Buch umsetzen wollen. Eine Haftung der Zwei Leben GmbH für Personen-, Sach- und Vermögensschäden ist ausgeschlossen.

Veröffentlicht im Rowohlt Taschenbuch Verlag,
Hamburg, August 2023

Covergestaltung zero-media.net, München
Coverabbildung FinePic®, München
Layout Peter Hoffmann, Köln
Satz aus der New Century Schoolbook
Druck und Bindung GGP Media GmbH, Pößneck
ISBN 978-3-499-01405-5

Die Rowohlt Verlage haben sich zu einer nachhaltigen Buchproduktion verpflichtet. Gemeinsam mit unseren Partnern und Lieferanten setzen wir uns für eine klimaneutrale Buchproduktion ein, die den Erwerb von Klimazertifikaten zur Kompensation des $CO_2$-Ausstoßes einschließt.
www.klimaneutralerverlag.de

FSC www.fsc.org
MIX
Papier | Fördert gute Waldnutzung
FSC® C014496

# GLÜCK ENTSTEHT IM INNEREN

# INHALT

| | | |
|---|---|---|
| **9** | Die Idee des Buches | |
| **10** | Worum es geht | |
| **11** | Aufbau des Buches | |
| **12** | Wie du das Beste herausholst | |
| **13** | Die Lebensbereiche dieses Buches | |
| **14** | **GESUNDHEIT** | |
| **16** | #1 | Vorsorgeuntersuchung |
| **22** | #2 | Das Gewohnheitstier |
| **26** | #3 | Sich seiner selbst bewusst sein |
| **30** | #4 | Links oder rechts |
| **34** | #5 | In der Ruhe liegt die Kraft |
| **40** | #6 | Deine Glücksformel |
| **44** | | *Reflexion* |
| **46** | **LIEBE UND SOZIALES** | |
| **48** | #7 | Liebesleben |
| **52** | #8 | Partner in Crime |
| **58** | #9 | Die Spannung steigt |
| **62** | #10 | Der Liebesbrief |
| **68** | #11 | Durch dick und dünn |
| **76** | #12 | Digitaler Konsum |
| **82** | #13 | Die philosophische Runde |
| **88** | | *Reflexion* |
| **90** | **KARRIERE UND FINANZEN** | |
| **92** | #14 | Berufsfindung neu gedacht |
| **98** | #15 | Deine Berufswelt |
| **102** | #16 | Das Bewerbungsgespräch |
| **108** | #17 | Dein Werdegang |
| **112** | #18 | Entweder … oder |
| **118** | #19 | Dein Netzwerk |
| **122** | #20 | Einkommen vs. Ausgaben |
| **126** | | *Reflexion* |

128 **BONUSÜBUNGEN**

130 #21 Dein nächstes Date mit dir selbst
136 #22 Schreib-alles-auf-Seiten
144 #23 Gewohnheiten-Challenge
150 *Reflexion*

152 DU HAST ES GESCHAFFT!
157 NACHWORT

# DIE IDEE DES BUCHES

Gewisse Dinge oder Umstände kann man in seinem Leben nicht beeinflussen. Die meisten Dinge jedoch schon: Sei es, wie dein Lebensstil ist, wie du andere Menschen liebst, wie du deine Karriere vorantreibst oder wie du mit deinen Finanzen umgehst.

Solange du niemandem Schaden zufügst oder Gesetze brichst und die notwendigen Mittel dazu hast, kannst du nahezu alles sein, tun und haben, was du möchtest. Die Betonung liegt auf dem, was DU möchtest. Und dafür trägst du die volle Verantwortung. Darum geht es unter anderem in diesem Buch. Verantwortung für das eigene Leben zu übernehmen, ohne sich dabei selbst zu optimieren. Das heißt konkret: Du setzt dich selbst an die erste Stelle und schaust, wie du deinen Lebensstil pflegen willst, wie du liebst und geliebt werden willst und wie du deinen beruflichen Weg und deine Finanzen handhaben willst.

Oftmals wollen dir andere sagen, was richtig für dich ist. Was tust du aktuell, was jemand anderes für dich entschieden hat?

Es kann gut sein, auf Menschen zu hören, die mehr Erfahrung und Weisheit haben als du. Die schon da sind, wo du hinwillst, oder die bereits ein Stück weiter sind als du. Es geht nicht darum, dich mit anderen zu vergleichen, sondern deinen eigenen Weg zu gehen. Deine größte Weisheit liegt in dir. Du kennst dich selbst besser als jede andere Person. Nur du weißt, was dich erfüllt und glücklich macht.

Viel Freude bei deinem Date mit dir selbst!

# WORUM ES GEHT

In diesem Buch halten wir uns an drei große Lebensbereiche.

### GESUNDHEIT

Du möchtest einen gesünderen Lebensstil pflegen und an deiner mentalen Gesundheit arbeiten.

### LIEBE UND SOZIALES

Du möchtest mehr über deine Wünsche in Liebesbeziehungen und deine Verbundenheit mit Freund:innen erfahren.

### KARRIERE UND FINANZEN

Du möchtest deinen Karriereweg in die richtige Spur lenken und deine Finanzen in den Griff bekommen.

Wir glauben, dass für ein besseres Leben diese drei Lebensbereiche miteinander im Einklang stehen dürfen. Es geht nicht darum, perfekt zu sein. Und wer definiert überhaupt, was perfekt ist? Vielmehr geht es darum, die eigene Wahrheit zu leben und Verantwortung für sich zu übernehmen.

Zum Einstieg darfst du festlegen, welcher dieser drei Lebensbereiche für dich gerade besonders wichtig ist. Entweder weil er so schön ist, oder weil du glaubst, aus ihm noch viel mehr rausholen zu können. Du kannst mit diesem Buch in der vorgegebenen Reihenfolge, aber auch einfach nach deinen eigenen Prioritäten arbeiten. Entscheide nun, womit du anfangen möchtest, und bilde die in diesem Moment für dich richtige Reihenfolge:

1. Am wichtigsten:

2. Auch wichtig:

3. Steht an dritter Stelle:

# AUFBAU DES BUCHES

In diesem Buch reflektierst du mithilfe von 23 Übungen über deine Gesundheit, deinen Lebensstil, über Liebesbeziehungen, dein Umfeld, deine Vorstellungen von dir selbst, deinen beruflichen Weg und deine Einstellung zu Finanzen. Die Übungen unterstützen dich dabei, neue Impulse für dein Leben zu gewinnen. Damit es langfristig leichter wird und du dein Wohlbefinden steigerst. Mit dabei sind drei Bonusübungen, mit denen du das Erfahrene leichter in dein Leben integrieren kannst.

Am Anfang jedes Kapitels – Gesundheit, Liebe und Soziales und Karriere und Finanzen – findest du eine Impulsfrage, die du nach Belieben beantworten darfst. In Gedanken, als geschriebene Antwort oder per Mindmap.

Anschließend wird jede Übung kurz erklärt und erläutert, was sie dir bringt und wie du sie bearbeiten kannst. Dazu erhältst du einen Gedankenanstoß, der dich in die Richtung deines Herzens führt.

Zum Einstieg in die Übung folgt eine Impulsfrage zu dem Thema, um das es in dieser Übung geht. Du kannst sie in Gedanken oder schriftlich beantworten.

Daran schließt der Hauptteil der Übung an. Hab Spaß und denke dabei nicht zu viel. Dieses Buch unterstützt dich dabei, dein Leben nach deinem Herzen auszurichten.

# WIE DU DAS BESTE HERAUSHOLST

Um das Beste für dich aus diesem Buch herauszuholen, laden wir dich ein, es nach folgenden Prinzipien zu bearbeiten.

- Du machst die Übungen in der Reihenfolge, die für dich gerade wichtig und richtig ist. Selbstverständlich musst du nicht alle Übungen machen. Du kannst die auswählen, die dich ansprechen oder von denen du denkst, dass sie dich jetzt weiterbringen. Vielleicht werden andere Übungen zu einem späteren Zeitpunkt für dich wichtig. Oder wenn du möchtest, arbeitest du das Buch komplett durch.

- Du kommst vor jeder Übung kurz zur Ruhe, indem du dreimal tief durchatmest.

- Du bist in den Übungen ganz ehrlich zu dir selbst, deshalb behältst du die Ergebnisse auch für dich. Es ist dein Leben.

*Wichtig:* Wenn du auf eine Frage oder bei einer Übung keine Antwort hast, empfehlen wir dir, nicht zu verzweifeln. Leg das Buch beiseite und komme zu einem späteren Zeitpunkt wieder auf die Frage zurück.

# DIE LEBENSBEREICHE DIESES BUCHES

# GESUND-
# HEIT

*Was bedeutet es für dich, gesund zu sein?*

# #1

# VORSORGE-UNTERSUCHUNG

## DEIN BENEFIT:

*Du erkennst, was dir Energie raubt, und findest Klarheit darüber, was dich gesund und fit hält.*

Wie gesund möchtest du leben? Das darfst du selbst entscheiden, und dafür trägst du zum größten Teil auch selbst die Verantwortung. In dieser Übung geht es um Ernährung, Bewegung und darum, dir bewusst zu machen, was dich gesund hält beziehungsweise dir Kraft raubt. Wenn du die Fragen ganz ehrlich beantwortest, wirst du bereits merken, ob du etwas verändern möchtest. Es geht nicht darum, irgendein unerreichbares Ideal anzustreben, kleine Ausreißer sind verzeihlich. Es ist okay, zwischendurch auch mal eine Tafel Schokolade zu essen und die Joggingrunde ausfallen zu lassen.

GESUNDHEIT IST DEIN WAHRER REICHTUM.

?

*Geht es dir beim Essen um den Geschmack oder hauptsächlich um die Nährwerte?*

Wie viel Liter Wasser trinkst du am Tag?

Welche anderen Getränke trinkst du gerne?

Wovon isst oder trinkst du zu viel, obwohl du weißt, dass es dir nicht guttut?

Wie oft im Monat trinkst du Alkohol? Und zu welchen Anlässen?

Wie viele Zigaretten rauchst du im Monat? Was gibt es dir?

Wie oft konsumierst du andere Drogen? Und warum?

Wie oft pro Woche kochst du selbst?

Welches Gericht wolltest du schon immer einmal für dich zubereiten?

Was ist dein Lieblingssnack für zwischendurch?

Was isst du gerne zum Frühstück?

Was isst du gerne zum Mittagessen?

Was isst du gerne zum Abendessen?

Weißt du, wie viele Kalorien du am Tag benötigst? Wenn ja, wie viele?

Nimmst du mehr oder weniger Kalorien am Tag zu dir, als du benötigst? Wenn ja, möchtest du das ändern?

Wie oft pro Woche isst du auswärts oder bestellst dir Essen zu dir nach Hause oder an den Arbeitsplatz?

Wie oft warst du im vergangenen Jahr krank?

Leidest du an einer (chronischen) Erkrankung? Wenn ja, wie gehst du damit um und wie geht es dir damit?

Wie oft pro Woche machst du Sport?

Wie oft pro Woche gehst du spazieren?

Wie oft pro Woche praktizierst du Yoga, Tai-Chi oder eine andere Bewegungs- und Meditationsform?

Diese Sportarten betreibst du aktuell:

Diese Sportarten möchtest du gerne wieder ausüben:

Diese Sportarten möchtest du gerne ausprobieren:

Diese Sportmaterialien hast du zu Hause:

#2

# DAS GEWOHN-HEITSTIER

## DEIN BENEFIT:

*Dir wird bewusst, wie du morgens in den Tag startest und abends den Tag beendest und du künftig mehr Energie sammeln kannst.*

Wir Menschen sind meist tagsüber aktiv und kommen am Abend zur Ruhe. Dabei können wir den Morgen und den Abend bewusst dafür nutzen, um uns während des Tages ausgeglichener zu fühlen. In dieser Übung geht es darum, dass du dir klarmachst, welche Störfaktoren morgens oder abends bei dir auftreten, durch die du Energie verlierst, und auch, wie du sie gewinnst.

EIN GUTER TAG BEGINNT MIT DEM ABEND DAVOR.

*Zu welcher Tageszeit hast du am meisten Energie?*

# MORGENROUTINE

Um wie viel Uhr stehst du in der Regel auf?

Wie oft drückst du morgens die Snooze-Taste?

Was machst du als Erstes nach dem Aufstehen?

Hast du eine feste Morgenroutine, oder gestaltest du deinen Morgen aus dem Moment heraus?

Wie viel Wasser trinkst du am Morgen?

Wann guckst du morgens das erste Mal auf dein Smartphone?

Was gibt dir morgens Energie?

Was hindert dich daran, morgens voller Energie in den Tag zu starten?

Was möchtest du an deiner Morgenroutine ändern, um morgens mit mehr Energie in den Tag zu starten?

# ABENDROUTINE

Wann hast du in der Regel Feierabend oder hörst mit dem Lernen auf, damit deine freie Zeit beginnt?

Was machst du, um runterzukommen?

Bist du abends lieber allein, oder verbringst du deine Zeit lieber mit Freund:innen, deiner Familie oder deinem:deiner Partner:in?

Bist du abends lieber draußen und unterwegs oder lieber zu Hause?

Worauf könntest du abends verzichten?

Wann guckst du vor dem Einschlafen zum letzten Mal auf dein Smartphone?

Um wie viel Uhr gehst du in der Regel schlafen?

Kannst du entspannt einschlafen? Gibt es etwas, was dir beim Einschlafen hilft?

Was möchtest du an deiner Abendroutine ändern, um den Tag ganz entspannt abschließen zu können?

**#3**

# SICH SEINER SELBST BEWUSST SEIN

## DEIN BENEFIT:

*Du steigerst dein Selbstbewusstsein und erkennst, was du an dir magst.*

Wir tun viele Dinge, von denen wir überzeugt sind, dass es richtig ist, sie zu tun. Wir gehen zur Schule, absolvieren eine Ausbildung oder studieren, wir gehen jeden Tag zur Arbeit oder machen uns selbstständig, wir pflegen Beziehungen und Freundschaften zu verschiedenen Menschen.

Wenn davon etwas nicht so läuft, wie du es dir vorstellst, kann es sein, dass du dich niedergeschlagen fühlst und denkst, dass es an dir liegt. Dass du immer alles falsch machst oder dass du es nicht verdient hast, Freude zu empfinden, glücklich oder erfolgreich zu sein. In dieser Übung geht es darum, dass du deinen Wert erkennst und dich daran erinnerst, dass du gut bist, so, wie du bist.

ES GEHT NICHT DARUM, WAS ANDERE VON DIR DENKEN, WESENTLICH IST, WIE DU SELBST ÜBER DICH DENKST.

*In welchen Situationen verkaufst du dich unter Wert?*

# WAS-ICH-AN-MIR-MAG-LISTE

An meinem Aussehen mag ich:

Diese Charakterzüge von mir mag ich:

Diesen Style/diese Kleidung mag ich an mir:

Diese Interessen/Hobbys mag ich:

Diese Gewohnheiten von mir mag ich:

Wie viel Zeit nimmst du dir regelmäßig, um die Erlebnisse in deinem Alltag zu verarbeiten?

Wie viel Zeit nimmst du dir regelmäßig, um deine momentane Lebenssituation zu reflektieren? Und was machst du dann mit den Erkenntnissen?

Wie oder wobei hast du mal einer Person geholfen, woraufhin sich diese bei dir bedankt hat?

Zu wem schaust du auf, ohne neidisch zu sein? Was gefällt dir an dieser Person? Welche dieser Eigenschaften kannst du auch in dein Leben integrieren?

Wann warst du das letzte Mal richtig stolz auf dich?

#4

# LINKS ODER RECHTS

## DEIN BENEFIT:

*Dir wird bewusst, wie deine Entscheidungen dein Leben beeinflussen und dass du bisherige Entscheidungen gegebenenfalls korrigieren kannst.*

Manche Entscheidungen treffen wir aus Gewohnheit, beispielsweise was wir einkaufen, dass wir zum Sport gehen oder unser Zuhause aufräumen. Andere treffen wir aus Überzeugung, beispielsweise uns für den Klimaschutz zu engagieren oder unseren Fußballverein im Stadion zu supporten.

Wiederum andere Entscheidungen werden von unseren Ängsten oder Selbstzweifeln beeinflusst – oftmals ohne dass uns dies bewusst ist. In dieser Übung wirst du dir über die großen Entscheidungen deines Lebens bewusst und darüber, wie sie dein Leben bis heute beeinflusst haben.

!

WENN DU KEINE EIGENEN ENTSCHEIDUNGEN TRIFFST, WERDEN ENTSCHEIDUNGEN FÜR DICH GETROFFEN.

*Welche Entscheidung schiebst du vor dir her?*

Welche drei Entscheidungen haben dein Leben maßgeblich geprägt? Und warum hast du sie getroffen?

1 ..........

2 ..........

3 ..........

---

Gegen welche alternativen Möglichkeiten hast du dich dabei entschieden und warum?

1 ..........

2 ..........

3 ..........

Bist du heute noch glücklich darüber, dich so entschieden zu haben? Oder würdest du aus heutiger Sicht etwas anders machen?

1

2

3

Wenn nötig: Welche Schritte kannst du einleiten, dass es in eine für dich bessere Richtung läuft?

1

2

3

# #5

# IN DER RUHE LIEGT DIE KRAFT

## DEIN BENEFIT:

*Du wirst entspannter und lässt los, was dir nicht mehr guttut.*

Wir leben in einer Welt, in der ständig der nächste Reiz auf uns einprasselt. Sei es das überdimensionierte Werbeplakat, eine neue Benachrichtigung auf dem Smartphone oder die nächste Schlagzeile. Wenn wir ständig überreizt sind, führt dies dazu, dass wir uns immer schneller erschöpft fühlen. In dieser Übung geht es darum, bei dir zu Hause auszumisten und zu schauen, was dich aus der Ruhe bringt und wie du dagegen vorgehen kannst.

!

LANGEWEILE KANN TÜREN ZU NEUEN IDEEN, INTERESSEN ODER ABENTEUERN AUFSTOSSEN.

*Wodurch kommst du besonders schnell zur Ruhe?*

# DEIN ZUHAUSE AUFRÄUMEN

Impuls: Schreibe es nicht auf, setze es direkt in die Tat um.

Fühlst du dich wohl in deinem Zuhause, und kommst du dort zur Ruhe? Was kannst du tun, damit du dich wohler fühlst und Energie auftanken kannst?

Welche Ecken deiner Wohnung willst du ausmisten beziehungsweise aufräumen?

Ist dein Zuhause so sauber, wie du es brauchst, um dich entspannen zu können? Was kannst du putzen?

Wie tief atmest du im Alltag?

☐ ☐ ☐ ☐ ☐

1 = SEHR FLACH – 5 = SEHR TIEF | 1 2 3 4 5

Wodurch wirst du angespannt, beziehungsweise was macht dich innerlich unruhig? Kreise ein, was auf dich zutrifft.

Stress bei der Arbeit

Aggressive Stimmungen

Koffein

Unangenehme Menschen

Alkohol

Gespräche mit Autoritätspersonen

Vor Gruppen sprechen

Benachrichtigungen auf meinem Smartphone

Prüfungssituationen

Unbekannte Situationen oder Orte

Verhandlungen

Anstehende Familienbesuche

Zu langes Sitzen

Negative Nachrichten

..............................

Wie entspannst du dich gerne? Kreise ein, was auf dich zutrifft.

Bewusst atmen

Yoga

Meditation

Spazieren gehen

Sport machen

Sauna

Kochen

Massage

Schwimmen

Schlafen

In der Natur sein

Gartenarbeit

Musik

Tanzen

Tee trinken

Malen

Tiere beobachten

Chillen mit dem:der besten Freund:in

..........................................

# DEINE ENTSPANNUNGSREISE

Atme einmal tief ein und wieder aus. Schließe die Augen und aktiviere all deine Sinne. Begib dich in Gedanken auf eine Reise. Dorthin, wo es dir gefällt und du dich wohlfühlst. Öffne deine Augen wieder, wenn du an dem Ort angekommen bist, und notiere, wohin dich deine Entspannungsreise geführt hat.

Ich befinde mich ..........................................................................

und beobachte .......................................................................... .

Am meisten gefällt mir .................................................................. ,

davon werde ich .................................................................. erzählen.

Das Wetter ist .......................................................................... ,

ich höre ..........................................................................

und rieche .......................................................................... .

Fühlst du es noch?

#6

# DEINE GLÜCKSFORMEL

## DEIN BENEFIT:

*Dir wird bewusst, wie einfach du glücklich im Alltag sein kannst.*

Wir können nach außen hin ein noch so tolles Leben führen. Wenn du nicht glücklich bist, bringt dir das gar nichts. Oftmals sind es die kleinen Dinge im Leben, die uns wirklich glücklich machen. Ein Lächeln, ein schöner Moment, der Lieblingssong oder die Vorfreude auf ein anstehendes Event oder Wiedersehen. Die folgenden Fragen helfen dir dabei herauszufinden, was dein Herz berührt und dich strahlen lässt.

!

ES GEHT NICHT DARUM, STÄNDIG GLÜCKLICH ZU SEIN, SONDERN ALL SEINE GEFÜHLE VOLL UND GANZ AUSZULEBEN.

*Welcher Song macht dich sofort glücklich?*

Welche Farbe verbindest du mit Glück? Wie kannst du diese Farbe mehr in dein Leben bringen?

Welches ist dein Lieblingswetter? Wieso?

Wofür bist du aktuell dankbar?

Was spielst du gerne?

Was machst du am liebsten mit Freund:innen oder Bekannten?

Wodurch wirst du direkt gut gelaunt?

Was tust du, wenn du unglücklich bist?

Welchen Duft magst du besonders gern?

Was liegt dir sehr am Herzen?

Was machst du gerne, wenn du alleine bist, um dich gut zu fühlen?

Worauf freust du dich derzeit am meisten?

Auf welche Art und Weise hilfst du gerne anderen Menschen?

# REFLEXION

Großartig, du hast über einige Themen Klarheit gewonnen. Über Ernährung, deine Gewohnheiten, deine Entscheidungen, deinen Selbstwert, Gelassenheit und Glück. Nun bist du dazu eingeladen, deine wichtigsten Erkenntnisse aufzuschreiben.

# LIEBE UND SOZIALES

*Was bedeutet es für dich zu lieben?*

# #7

# LIEBESLEBEN

## DEIN BENEFIT:

*Dir wird klar, wie erfüllt dein Liebesleben aktuell ist.*

Mit einer anderen Person eine Liebesbeziehung zu führen – auf welche Art und Weise auch immer – ist schön, intensiv, herausfordernd und spannend. In dieser Übung geht es darum, dein aktuelles Liebesleben zu reflektieren. Anschließend bist du eingeladen, deine Gedanken darüber festzuhalten.

!

LIEBE MACHT UNMÖGLICHES MÖGLICH.

*Was macht einen Menschen für dich liebenswert?*

| | JA/NEIN | |
|---|---|---|
| Bist du zufrieden mit deinem aktuellen Beziehungsstatus? | ☐ | ☐ |
| Hast du mit deiner letzten Beziehung bereits ganz abgeschlossen? | ☐ | ☐ |
| Hattest du schon einmal Liebeskummer? | ☐ | ☐ |
| Hast du Angst vor dem Alleinsein? | ☐ | ☐ |
| Lebst du deine sexuellen Wünsche aus? | ☐ | ☐ |
| Sprichst du Probleme in deiner Beziehung offen an? | ☐ | ☐ |
| Verhältst du dich gegenüber deiner Partnerin oder deinem Partner liebevoll und wertschätzend? | ☐ | ☐ |
| Fühlst du dich in deiner Beziehung respektiert und wertgeschätzt? | ☐ | ☐ |
| Nimmst du dir regelmäßig Zeit, um über deine Beziehung zu reflektieren? | ☐ | ☐ |

# DEINE GEDANKEN ZU DEINEM LIEBESLEBEN

Gehe noch mal in dich und notiere deine Gedanken zu deinen Antworten auf der vorherigen Seite.

# #8

# PARTNER IN CRIME

## DEIN BENEFIT:

*Du erhältst Klarheit über deine Vorstellungen von Partnerschaften und darüber, wie du dich geliebt fühlst und wie du andere liebst.*

Jeder Mensch liebt anders und drückt seine Liebe auf seine Weise aus. Die einen schreiben romantische Liebesnachrichten, die anderen Gedichte, wiederum andere kümmern sich um das Auto ihres:ihrer Freund:in oder machen regelmäßig Geschenke, wieder andere schenken (innige) Zeit zu zweit und unterstützen ihren:ihre Partner:in vorbehaltlos. Um nur einige mögliche Ausdrucksformen von Liebe zu nennen. Wenn Liebespaare ihre Liebe auf unterschiedliche Weise zum Ausdruck bringen, kann dies zu Missverständnissen oder sogar zu dem Gefühl führen, vom Gegenüber nicht geliebt zu werden. In dieser Übung geht es darum, wie du Liebe zum Ausdruck bringst und wie du Liebe empfangen möchtest.

!

ES GIBT KEIN SCHÖNERES GEFÜHL, ALS GELIEBT ZU WERDEN, SO WIE MAN TATSÄCHLICH IST.

*Was war für dich bisher der schönste Liebesbeweis?*

Präferierst du eine monogame oder eher eine offene Beziehung?

Wie wichtig ist dir Freiraum in einer Beziehung?

Wobei sollte dein:e Partner:in dich unterstützen?

Wie viele Kinder willst du in der Zukunft?

Wie oft willst du mit deinem:deiner Partner:in Zeit verbringen?

Wie sieht für dich der perfekte gemeinsame Urlaub aus?

Welchen Stellenwert hat für dich Sex in einer Beziehung?

Woran könnte deine (nächste) Beziehung scheitern?

Wähle deine Top-3-Punkte aus, die dir am wichtigsten sind. Auch als Single kannst du dir vorstellen, wie es in deiner Beziehung sein sollte.

Ich fühle mich von meinem:meiner Partner:in geliebt, wenn …

- [ ] … ich Komplimente für mein Aussehen, meine Fähigkeiten, meine Taten oder Erfolge bekomme.
- [ ] … ich kleine Dinge geschenkt bekomme, die ich mal beiläufig erwähnt habe oder die zu unserer aktuellen Situation passen.
- [ ] … mir geholfen wird, auch unaufgefordert. Sei es beim Regal-Aufbauen oder beim Kochen.
- [ ] … wir zu zweit die Zeit miteinander genießen und er:sie in dieser Zeit nur auf mich fokussiert ist.
- [ ] … ich berührt werde und sinnliche Momente mit ihm:ihr erlebe.
- [ ] … mir zugehört wird, ich alles offen ansprechen kann und meine Probleme oder Herausforderungen ernst genommen werden.
- [ ] ……………………………………………

Ich zeige meinem:meiner Partner:in meine Liebe, indem ich …

- [ ] … ihm:ihr Komplimente für das Aussehen, die Fähigkeiten, Taten oder Erfolge mache.
- [ ] … ihm:ihr kleine Dinge schenke, die mal beiläufig erwähnt wurden oder die zu unserer aktuellen Situation passen.
- [ ] … ihm:ihr helfe, auch unaufgefordert. Sei es beim Regal-Aufbauen oder beim Kochen.
- [ ] … mir Zeit nur für uns zwei nehme und in dieser Zeit nur auf uns fokussiert bin.
- [ ] … sie:ihn berühre und sinnliche Momente mit ihr:ihm teile.
- [ ] … ihm:ihr zuhöre, zeige, dass alles offen angesprochen werden kann und ich seine:ihre Probleme oder Herausforderungen ernst nehme.
- [ ] ..............................................................................

#9

# DIE SPANNUNG STEIGT

## DEIN BENEFIT:

*Du bekommst Ideen für ein erfüllteres Sexualleben.*

Für die einen ist Sex (in der Beziehung) wichtig, für andere nicht so sehr. Wichtig ist, darüber zu reden. Und das machst du zuerst mit dir – in dieser Übung.

!

SEX IST EIN ENERGETISCHER AUSTAUSCH ZWEIER MENSCHEN. WÄHLE WEISE, MIT WEM DU DICH AUSTAUSCHST.

*Redest du mit deinen Freund:innen über dein Sexleben?*

So wichtig ist dir Sex in deinem Leben:

So beschreibst du dich im Bett:

Deine optimale Tageszeit für Sex:

Das magst du beim Vorspiel:

Deine sexuelle Orientierung:

Deine No-Gos beim Sex:

Deine Vorlieben beim Sex:

Deine Lieblingsstellungen:

Dein Promi-Crush:

Deine (noch) geheimen Fantasien:

So befriedigst du dich selbst:

Deine lustigste Sexpanne:

# #10

# DER LIEBESBRIEF

## DEIN BENEFIT:

*Du wirst dir über deine eigenen Erwartungen in Liebesbeziehungen bewusst.*

In dieser Übung schreibst du einen Brief.

Als Single an deine:n zukünftige:n Partner:in. Damit du ein klares Bild davon hast, welche Person du in dein Leben ziehen willst.

Wenn du in einer Beziehung bist, an deine:n Partner:in. Damit du diese Beziehung vertiefst.

Es geht nicht darum, den Brief abzuschicken, sondern durch das Schreiben mehr Klarheit über deine Wünsche zu erlangen.

!

DURCH LIEBE FÜHLST DU DICH ZU HAUSE, OBWOHL DU GERADE AN EINEM ANDEREN ORT BIST.

*Glaubst du an die große Liebe?*

# FÜR SINGLES

Schreibe einen Brief an deine:n zukünftige:n Partner:in und nutze die folgenden Fragen als Inspiration dafür.

1. Wie wirst du ihm:ihr deine Liebe zeigen?
2. Auf welche Weise soll er:sie seine:ihre Liebe ausdrücken, damit du sie auch wirklich spürst?
3. Was wünschst du dir von deinem:deiner nächsten Partner:in?
4. Gibt es bestimmte Verhaltensweisen, die du in Beziehungen immer wieder gezeigt hast, aber nun gerne ändern würdest?
5. Gibt es Verhaltensweisen, die du bei deinem Gegenüber in deiner nächsten Beziehung nicht (mehr) tolerieren würdest?
6. Welche gemeinsamen Momente werdet ihr erleben?
7. Was hat dir in deiner letzten Beziehung gefehlt?
8. Fällt es dir leicht zu vertrauen?
9. Bist du bereit, über deine Wünsche und Vorstellungen offen zu reden?
10. Das sind deine No-Gos in einer Liebesbeziehung:

*Liebe:r*

# FÜR ALLE IN EINER LIEBESBEZIEHUNG

Schreibe einen Brief an deine:n Partner:in und nutze die folgenden Fragen als Inspiration dafür.

1. Was liebst und schätzt du an deiner:deinem Partner:in?
2. Wie sehr fühlst du dich von ihm:ihr geliebt?
3. In welchen Momenten spürst du, dass dein:e Partner:in dich liebt?
4. Was läuft so richtig gut zwischen euch?
5. Und was weniger?
6. Vertraust du ihm:ihr total?
7. Was machst du ab jetzt besser?
8. Fehlt dir etwas in deiner Beziehung?
9. Was darf dein:e Partner:in besser machen?
10. Was war euer schönster gemeinsamer Moment?

*Liebe:r*

# #11

# DURCH DICK UND DÜNN

## DEIN BENEFIT:

*Dir wird klar, wie die dir nahestehenden Personen dich positiv oder negativ beeinflussen.*

Je mehr du dich weiterentwickelst oder reifer wirst, desto mehr wird sich auch dein Umfeld verändern. Möglicherweise kommst du dann mit einigen Menschen nicht mehr klar (oder sie mit dir), obwohl sie zu deinem engsten Umfeld zählten und ihr durch dick und dünn gegangen seid. Andere wiederum kommen möglicherweise gut mit deiner Entwicklung klar, und es entstehen jahrelange Freundschaften. Oder bist du sogar manchmal die Person, die dafür gesorgt hat, dass der Kontakt nicht gehalten hat?

Wer in deinem aktuellen Umfeld und wie eure Beziehung zueinander ist, reflektierst du in dieser Übung. Wenn es eine Dissonanz gibt, bedeutet das nicht, gleich den Kontakt abzubrechen. Dein Umfeld darf dir auch mal kritisches Feedback geben, es kann förderlich für dein Wachstum sein.

!

ES IST DIE VERBUNDENHEIT MIT ANDEREN MENSCHEN, DIE DAS LEBEN LEBENSWERT MACHT.

*Hältst du dich selbst für einen guten Freund oder eine gute Freundin?*

Wer sind die fünf Menschen, die dir am wichtigsten sind? Seien es Bekannte, Freund:innen, Familienmitglieder oder Arbeitskolleg:innen.

Welche Rolle spielen diese Menschen in deinem Leben?

Wie oft verbringst du Zeit mit ihnen?

Wie lange kennst du sie schon?

**PERSON 1**

NAME

Was magst du an diesem Menschen?

Was stört dich an diesem Menschen?

Was sind eure häufigsten Gesprächsthemen?

Was war euer tollstes gemeinsames Erlebnis?

Welche schwierige Zeit habt ihr zusammen durchgemacht?

Akzeptierst du diesen Menschen so, wie er:sie ist, oder würdest du am liebsten etwas an ihm:ihr verändern?

## PERSON 2

NAME

Was magst du an diesem Menschen?

Was stört dich an diesem Menschen?

Was sind eure häufigsten Gesprächsthemen?

Was war euer tollstes gemeinsames Erlebnis?

Welche schwierige Zeit habt ihr zusammen durchgemacht?

Akzeptierst du diesen Menschen so, wie er:sie ist, oder würdest du am liebsten etwas an ihm:ihr verändern?

## PERSON 3

NAME

Was magst du an diesem Menschen?

Was stört dich an diesem Menschen?

Was sind eure häufigsten Gesprächsthemen?

Was war euer tollstes gemeinsames Erlebnis?

Welche schwierige Zeit habt ihr zusammen durchgemacht?

Akzeptierst du diesen Menschen so, wie er:sie ist, oder würdest du am liebsten etwas an ihm:ihr verändern?

## PERSON 4

NAME

Was magst du an diesem Menschen?

Was stört dich an diesem Menschen?

Was sind eure häufigsten Gesprächsthemen?

Was war euer tollstes gemeinsames Erlebnis?

Welche schwierige Zeit habt ihr zusammen durchgemacht?

Akzeptierst du diesen Menschen so, wie er:sie ist, oder würdest du am liebsten etwas an ihm:ihr verändern?

**PERSON 5**

NAME

Was magst du an diesem Menschen?

Was stört dich an diesem Menschen?

Was sind eure häufigsten Gesprächsthemen?

Was war euer tollstes gemeinsames Erlebnis?

Welche schwierige Zeit habt ihr zusammen durchgemacht?

Akzeptierst du diesen Menschen so, wie er:sie ist, oder würdest du am liebsten etwas an ihm:ihr verändern?

# #12

# DIGITALER KONSUM

## DEIN BENEFIT:

*Dir wird klar, wer und was dich beeinflusst.*

Elektronische Geräte sind aus unserem heutigen Leben nicht mehr wegzudenken. Manchmal sind sie reine Ablenkung, allerdings ergeben sich durch sie auch neue Möglichkeiten. Wir haben Zugriff auf so viele Informationen wie noch nie zuvor, durch die Digitalisierung und das Internet eröffnen sich neue Geschäftmodelle, und natürlich hat sich auch unser Konsumverhalten durch sie verändert. Wie du online konsumierst, darum geht es in dieser Übung.

DENKE NICHT AN DIE DINGE, DIE DIR FEHLEN, SONDERN AN DAS, WAS DU BEREITS HAST.

*Wie hoch ist deine aktuelle Bildschirmzeit?*

Welche Content Creator:innen oder Influencer:innen inspirieren dich auf welcher Plattform am meisten?

Was interessiert dich an ihnen besonders?

1

2

3

Welche technologischen Geräte besitzt du? Und welche benutzt du davon am häufigsten?

Welche Menschen kennst du nur online? Möchtest du sie gerne im realen Leben treffen?

Wie viel Zeit verbringst du mit diesen digitalen Aktivitäten in Stunden pro Woche? Trage die Daten unten ein.

| | |
|---|---|
| Games | STUNDEN |
| Social Media | STUNDEN |
| Weiterbildung | STUNDEN |
| TV | STUNDEN |
| Streaming | STUNDEN |
| Nachrichten lesen | STUNDEN |
| Shopping | STUNDEN |
| E-Mails | STUNDEN |
| Finanzen | STUNDEN |
| Weiteres | STUNDEN |

Womit verbringst du zu viel Zeit? Möchtest du das ändern? Wenn ja, wie?

Welche Social-Media-Plattformen nutzt du am meisten?
Wofür nutzt du sie?

1

Plattform:

So nutzt du sie:

2

Plattform:

So nutzt du sie:

3

Plattform:

So nutzt du sie:

# DIGITAL AUSMISTEN

Impuls: Schreibe es nicht auf, setze es direkt in die Tat um.

Welche Kontakte kannst du auf deinem Smartphone löschen?

Wen kannst du bei Social Media entfolgen?

Welche Bilder oder Videos kannst du auf deinem Smartphone löschen?

Welche Benachrichtigungen kannst du auf deinem Smartphone ausschalten?

Welche Apps kannst du auf deinem Smartphone deinstallieren?

Welche Programme kannst du auf deinem PC/Laptop deinstallieren?

Welche Dateien kannst du auf deinem PC/Laptop löschen?

# #13

# DIE PHILOSOPHISCHE RUNDE

## DEIN BENEFIT:

*Du erweiterst deinen Horizont und nimmst neue Perspektiven ein.*

Hast du bestimmte Überzeugungen? Oder liegt die Wahrheit in der Mitte? In dieser Übung denkst du über philosophische Fragen nach. Sie können dir neue Denkimpulse liefern und möglicherweise deine Neugier für bestimmte Themen wecken.

!

MANCHMAL IST DAS EINZIGE, WAS MAN BRAUCHT, EINE NEUE PERSPEKTIVE.

## *Ist es in Ordnung, manchmal zu lügen?*

Was ist der Sinn des Lebens?

Was gibt es in zehn Jahren, was es heute noch nicht gibt?

Was gibt es in zehn Jahren nicht mehr, was es heute noch gibt?

Was macht Social Media mit uns?

War früher alles besser?

Was ist das größte Problem der Menschheit?

Glaubst du an Gott oder an eine andere höhere Macht im Universum?

Sollten Menschen Waffen besitzen dürfen?

Was ist ein Rezept zum Unglücklichsein?

Was ist Liebe?

Glaubst du an Schicksal?

Ist künstliche Intelligenz eine Gefahr für die Menschheit?

# REFLEXION

Super, du hast einige neue Ansichten über Liebe, Partnerschaften, Sex, dein Umfeld und deine Überzeugungen gewonnen. Nun bist du eingeladen, deine wichtigen Erkenntnisse zu teilen. Was hast du Neues über dich erfahren? Welche neuen Erkenntnisse hast du über dein Umfeld gewonnen? Was willst du unbedingt mal ausprobieren?

# KARRIERE UND FINANZEN

*Was bedeutet es für dich, Karriere zu machen?*

# #14

# BERUFSFINDUNG NEU GEDACHT

## DEIN BENEFIT:

*Dir wird klar, ob du auf dem richtigen Weg oder ob du für etwas anderes bestimmt bist.*

Karriere zu machen kann vieles bedeuten, nicht nur das, was die Gesellschaft vorgibt. Heutzutage gibt es unzählige Möglichkeiten, Karriere zu machen. Seinen eigenen Karriereweg zu finden, ist oft gar nicht so leicht. Durch diese Übung bekommst du Impulse, was und welcher berufliche Weg gut zu dir passen würde. Falls du nicht das Gefühl hast, bereits auf dem für dich passenden Weg zu sein. Wenn du noch ausprobieren möchtest oder unsicher bist, setze dich nicht unter Druck, bleibe einfach dran, und es wird sich zeigen, was dir beruflich liegt.

!

WENN SICH DIE EINE TÜR SCHLIESST, ÖFFNET SICH EINE NEUE.

*Bist du glücklich mit deinem aktuellen Karriereweg?*

# DEINE BRANCHE

Welche Branche(n) magst du?

Was interessiert dich an dieser Branche?

# DEIN ARBEITSUMFELD

Wen möchtest du gerne durch deine berufliche Tätigkeit unterstützen?

Mit welchen Menschen möchtest du gerne arbeiten? Welche Charaktereigenschaften sollen deine idealen Arbeitskolleg:innen haben?

Hinweis: Hierbei geht es nicht um einzelne Menschen, sondern eher um Gruppen. Sei es, dass du gerne Senior:innen unterstützen möchtest, dass du Fußballer:innen magst und mit ihnen arbeiten möchtest oder dich gut mit Unternehmer:innen verstehst und ihnen einen Wert bieten möchtest.

# DAS KANNST DU BIETEN

Welche Tätigkeiten oder Dinge kannst du besonders gut?

Wenn du darauf keine klare Antwort hast, reflektiere:

Womit hast du bereits Geld verdient?

Wobei fragen dich andere um Hilfe?

Welche Fähigkeiten hast du dir bereits beigebracht?

Welche Probleme siehst du, die du dir zutraust zu lösen?

Welche Herausforderung hast du bereits erfolgreich gemeistert und dir dabei neue Fähigkeiten angeeignet?

Was liebst du zu tun? Bei welchen Tätigkeiten kommst du wirklich in den Flow?

# MATCH

Merkst du, dass du beruflich bereits genau das Richtige tust? Oder merkst du, dass du etwas an deiner beruflichen Situation ändern möchtest? Kannst du bereits erste Ideen notieren, in welche Richtung es für dich gehen kann? Schreibe hier deine Gedanken dazu auf.

# #15

# DEINE BERUFSWELT

## DEIN BENEFIT:

*Du wirst dir bewusst, welche wertvollen Erfahrungen du bereits gemacht hast, aktuell machst oder bis zum Rentenalter noch machen könntest.*

Dein Leben ist einzigartig und deshalb auch dein beruflicher Weg. Dabei ist es nicht relevant, ob du mit 23 Jahren schon dein erstes Start-up aufbaust, mit 36 Jahren deinen Traumjob findest oder mit Mitte 50 noch mal einen Neuanfang wagst. Du bist in deinem Tempo, und das ist gut so.

ES IST DEIN LEBEN. MACH, WAS DU FÜR RICHTIG HÄLTST, OHNE DABEI EINER ANDEREN PERSON ZU SCHADEN.

?

*In welchen beruflichen Situationen bist du besonders motiviert?*

Womit verdienst du momentan Geld?

Wer hat dich bis jetzt am meisten gefördert?

Was wolltest du als Kind werden?

Wer ist oder war dein Lieblingsarbeitskollege, deine liebste Arbeitskollegin? Warum?

Was war bisher dein bester Arbeitstag? Was hat ihn dazu gemacht?

Was war das schönste Kompliment, das du je für deine Arbeit bekommen hast?

Was machst du am liebsten in der Mittagspause?

Was ist dein Lieblingsunternehmen (weltweit) und warum?

Was machst du heute beruflich, von dem du nie gedacht hättest, dass du es jemals machen würdest?

Was ist dein Albtraumjob?

Was war dein bestes Firmenevent?

Worauf würdest du bei der Arbeit am liebsten verzichten?

Was würdest du an dem Unternehmen, in der Institution, dem Amt, für das du tätig bist, verbessern?

Was lenkt dich bei der Arbeit ab?

Was willst du im Rentenalter im Rückblick über deine Karriere sagen können?

Wie bewertest du deine Work-Life-Balance?

#16

# DAS BEWERBUNGS-GESPRÄCH

## DEIN BENEFIT:

*Du wirst dir über deine Stärken und Schwächen bewusst.*

«Was sind denn Ihre Stärken? Und was Ihre Schwächen?»: Das sind die wohl häufigsten und gleichzeitig unbeliebtesten Fragen in einem Bewerbungsgespräch. Damit du darauf eine klare Antwort geben kannst, auch unabhängig von einem Bewerbungsgespräch, findest du sie mit dieser Übung heraus.

DIE EIGENEN SCHWÄCHEN ANZUNEHMEN UND DAMIT UMZUGEHEN, IST EINE STÄRKE.

*Wer ist dein größter Kritiker?*

# DEINE STÄRKEN UND SCHWÄCHEN

+ Mache ein Pluszeichen bei den Dingen, die dir gut gelingen.

o Mache einen Kreis, wenn es dir mal gut, mal nicht so gut gelingt.

− Mache ein Minuszeichen bei den Dingen, die dir nicht so liegen.

☐ **Teamwork** – Du kannst gut im Team arbeiten.

☐ **Überzeugungskraft** – Du kannst mit Worten andere für dich oder dein Vorhaben gewinnen.

☐ **Kommunikationsfähigkeit** – Du findest klare, freundliche und verständliche Worte.

☐ **Belastbarkeit** – Du kannst gut mit Druck umgehen.

☐ **Lernbereitschaft** – Du bist neugierig und strebst danach, neues Wissen zu erlangen.

☐ **Organisationsfähigkeit** – Du weißt um deine Termine, Aufgaben und Verabredungen.

☐ **Zuverlässigkeit** – Du hältst deine Versprechen ein.

☐ **Stressresistenz** – Du bist innerlich ruhig, auch wenn mal viel zu tun ist.

☐ **Kreativität** – Du bringst eigene Ideen für neue Lösungen mit ein.

☐ **Engagement** – Du gibst vollen Einsatz bei deinen Aufgaben.

☐ **Empathie** – Du kannst dich gut in andere hineinversetzen und sie verstehen.

☐ **Geduld** – Du kannst entspannt warten, während andere es sofort haben oder machen wollen.

☐ **Entscheidungsfähigkeit** – Du kannst Entscheidungen treffen und mit den Konsequenzen leben.

☐ **Konfliktfähigkeit** – Du löst Konflikte mit Bravour.

☐ **Selbstbewusstsein** – Du kannst deine Wünsche klar äußern.

☐ **Verhandlungstalent** – Du kannst ein Gespräch in deine Wunschrichtung lenken.

☐ **Ausdauer** – Du kannst beharrlich an einer Aufgabe dranbleiben.

☐ **Zielstrebigkeit** – Du arbeitest konstant an deinen festgelegten Zielen.

Liste nun deine Top-3-Stärken auf und notiere Ideen, wie du sie im beruflichen Alltag einsetzen kannst.

1 ..............................

2 ..............................

3 ..............................

Liste nun deine Top-3-Schwächen auf und notiere Ideen, wie und wodurch du sie im Alltag kompensieren oder wie du sie in eine Stärke umwandeln kannst.

1

2

3

# #17

# DEIN WERDEGANG

## DEIN BENEFIT:

*Dir wird klar, welche Erfahrungen du bereits gesammelt hast und welches Potenzial in dir steckt.*

Was hast du bislang in deiner beruflichen Laufbahn, mag sie kurz oder lang sein, erlebt? Seien es verrückte, spaßige Situationen, tolle und nicht so tolle Tätigkeiten oder Menschen, die du kennengelernt hast. All das reflektierst du in dieser Übung.

!

JEDE ENTSCHEIDUNG, DIE DU BISLANG GETROFFEN HAST, HAT DICH ZU DEM MENSCHEN GEMACHT, DER DU HEUTE BIST.

*Welchen Karrieremoment wirst du nie vergessen?*

# DEINE BISHERIGEN STATIONEN

Liste in einer Tabelle die bisherigen Stationen deiner beruflichen Laufbahn auf: von den Praktika während deiner Schulzeit oder deines Studiums, über deine Ausbildung und sämtliche Nebenjobs bis hin zu dem Punkt, an dem du heute stehst.

| TÄTIGKEIT | UNTERNEHMEN | DAUER |
|---|---|---|
| | | |

Welche Tätigkeiten haben dich am meisten gelehrt? Was genau?

Welche Tätigkeiten haben dir am meisten Spaß gebracht?

Welche Tätigkeiten willst du nie wieder ausüben?

Welche Tätigkeiten möchtest du wieder oder öfter ausüben?

Wo hattest du die besten Kolleg:innen? Was war das Besondere an ihnen?

Welche Vorgesetzten oder Auftraggeber:innen hast du am meisten geschätzt? Warum?

Mit wem kamst du überhaupt nicht klar?

Welche beruflichen Momente möchtest du auf keinen Fall noch einmal erleben?

# #18

# ENTWEDER … ODER

## DEIN BENEFIT:

*Dir wird klar, wie du in Zukunft arbeiten möchtest.*

Arbeitest du aktuell so, wie es dir gefällt und guttut? Oder möchtest du etwas ändern? Durch die «Entweder … oder»-Fragen in dieser Übung findest du heraus, wie du am liebsten arbeitest beziehungsweise in Zukunft arbeiten möchtest.

Wenn dein aktuelles Arbeitsumfeld dem nicht entspricht, musst du nicht gleich deinen Job kündigen. Möglicherweise kannst du durch gute Kommunikation und aktives Einbringen auch dort Veränderungsimpulse setzen.

ES IST NIE ZU SPÄT, DEN BERUF ZU FINDEN, DER GUT ZU DIR PASST.

*Wie wichtig ist es dir, glücklich bei der Arbeit zu sein?*

Kreuze an, was dir lieber ist.

## Feste Arbeitszeiten oder flexible Arbeitszeiten

Deine Meinung:

## Der Austausch mit Kolleg:innen oder die Aufgaben

Deine Meinung:

## Teamwork oder alleine arbeiten

Deine Meinung:

## Homeoffice oder Büro

Deine Meinung:

Analog oder digital

Deine Meinung:

Aufgaben abarbeiten oder selbstständiges Arbeiten

Deine Meinung:

Ein kleines Unternehmen oder ein großer Konzern

Deine Meinung:

Geld verdienen oder spaßbringende Tätigkeit

Deine Meinung:

Karriere oder Familie

? 

Deine Meinung:

Sicherheit oder Freiheit

?

Deine Meinung:

Mehr Geld oder mehr Freizeit

?

Deine Meinung:

Selbstständig oder angestellt

Deine Meinung:

Einen Job fürs Leben oder alle paar Jahre einen anderen

Deine Meinung:

Für den Job umziehen oder in der Heimat bleiben

Deine Meinung:

# #19

# DEIN NETZWERK

## DEIN BENEFIT:

*Du wirst dir bewusst, welche Kontakte dich weiterbringen und welcher Typ Netzwerker:in du bist.*

Durch ein berufliches Netzwerk und eine Offenheit für neue Menschen und Begegnungen können magische Dinge entstehen. In dieser Übung reflektierst du darüber, was du in dein Netzwerk einbringen kannst und wie du es erweiterst.

!

DEIN NETZWERK IST DEINE WERTVOLLSTE BERUFLICHE WÄHRUNG.

*Wo hast du die interessantesten Menschen kennengelernt?*

Mit diesen Menschen kannst du gut zusammenarbeiten:

Diese Menschen bringen dich beruflich weiter:

Diese Menschen möchtest du gerne persönlich kennenlernen:

Diese beruflichen Tipps kannst du anderen Menschen geben:

Das interessiert dich am meisten, wenn du jemanden im beruflichen Umfeld kennenlernst:

Wo, an welchen Orten, lernst du neue Menschen kennen?

Kannst du gut auf andere Menschen zugehen?

Wie steigst du in ein Gespräch ein?

Fällt es dir leicht, dich in Gespräche einzubringen?

Hörst du eher zu, oder übernimmst du eher die Gesprächsführung?

# #20

# EINKOMMEN VS. AUSGABEN

## DEIN BENEFIT:

*Dir wird bewusst, wie du mit deinem Geld umgehst und was du finanziell verbessern kannst.*

Für die einen ist Geld alles, anderen sind materielle Dinge weniger wichtig. In dieser Übung geht es darum, wie du mit dem Geld, das dir monatlich zur Verfügung steht, umgehst.

!

KAUFE NICHTS, UM ANDERE ZU BEEINDRUCKEN. KAUFE, WEIL DU DARIN EINEN WERT SIEHST.

## *Macht Geld dich glücklich?*

Wie viel Geld hast du monatlich zur Verfügung?

Woraus setzt sich die Gesamtsumme zusammen?

Wie viele Ausgaben hast du monatlich?

Miete:

Wasser und Strom:

Smartphone und Festnetz/WLAN:

Öffentlicher Nahverkehr:

Auto – Tanken:

Sport und sonstige Freizeitaktivitäten:

Lebensmittel und Haushaltsbedarf:

Kleidung:

Ratenzahlung:

Sonstiges:

Quartalsweise oder jährlich (auf den Monat heruntergerechnet)

Auto – Steuern und Versicherung:

Sonstige Versicherungen:

GEZ:

Sonstiges:

Wie viel deines Einkommens bleibt am Ende des Monats nach Abzug der Ausgaben übrig?

Was machst du mit dem Geld, das am Ende des Monats übrig bleibt?

Bist du zufrieden mit deiner finanziellen Situation?

Hast du Schulden, die du noch abzahlen musst?

Was sind deine finanziellen Wünsche?

Was kannst du tun, um deine monatlichen Kosten zu reduzieren? Oder sind sie so okay für dich?

Was kannst du tun, um dein Einkommen zu erhöhen – sofern du das anstrebst?

# REFLEXION

Mega, du hast über deine beruflichen Wünsche, deinen Karriereweg und deine finanzielle Situation nachgedacht und vielleicht neue Einsichten gewonnen. Hier ist der Platz, um deine Erkenntnisse zu notieren.

# BONUS-ÜBUNGEN

*Was ist deine größte Erkenntnis aus dem Buch?*

# #21

# DEIN NÄCHSTES DATE MIT DIR SELBST

## DEIN BENEFIT:

*Du integrierst die Learnings aus diesem Buch in ein weiteres Date mit dir selbst.*

Vielleicht hast du durch die Arbeit mit diesem Buch erkannt, was besonders gut in deinem Leben läuft und dass du dafür sehr dankbar bist. Oder dir ist bewusst geworden, dass du etwas ändern willst, sei es in deiner Liebesbeziehung oder an deiner beruflichen Situation. Um dem noch mehr Raum zu geben, planst du in dieser Übung ein weiteres Date mit dir selbst. Sei es ein Ausflug zu einem besonderen Ort, in deinem Lieblingsrestaurant oder einfach bei dir zu Hause.

!

ERST WENN WIR NICHT WEITERWISSEN, LERNEN WIR UNS SELBST RICHTIG KENNEN.

*Was war die beste Sache, die du jemals völlig alleine gemacht hast?*

# DIE PLANUNG

Wo willst du gerne das Date mit dir selbst verbringen?

Wann findet dein Date mit dir selbst statt?

Wie kommst du dorthin?

Was ziehst du an?

Worüber willst du bei deinem Date mit dir selbst nachdenken?

Was darfst du dafür noch vorbereiten?

# AUF DEM DATE

Du bist beim Date. Schreibe nun entweder einen Dialog mit dir selbst oder einfach deine momentanen Gedanken auf. Halte zum Schluss fest, ob du dieses Date noch mal wiederholen würdest.

Klebe hier ein Foto von dem Ort ein,
an dem das Date stattfand.

Klebe hier ein Foto von dir während
des Dates mit dir selbst ein.

# #22

# SCHREIB-ALLES-AUF-SEITEN

## DEIN BENEFIT:

*Du bringst dein Inneres zum Ausdruck und entdeckst, was noch in dir steckt.*

Auf den folgenden Seiten kannst du frei herausfließen lassen, was in dir steckt. Du kannst malen, schreiben, eine Collage gestalten oder etwas ganz anderes machen, was dir gerade einfällt. Zeige dir selbst, was in dir verborgen liegt. Diese Seiten sind nur für dich bestimmt. Alles ist richtig und gut.

!

EINMAL ALLES HERAUSZULASSEN, TUT DEINER SEELE GUT.

*Wann hast du das letzte Mal so richtig deine Emotionen herausgelassen?*

Bring alle deine aktuellen Gedanken oder
Emotionen zum Ausdruck.

Bring zum Ausdruck, was dir Freude bereitet.

Bring zum Ausdruck, was dich aktuell belastet.

Bring zum Ausdruck, was dir wichtig ist.

Bring zum Ausdruck, wo du in einem Jahr örtlich, beruflich und/oder privat sein willst.

Bring eine glückliche Erinnerung zum Ausdruck.

# #23

# GEWOHNHEITEN-CHALLENGE

## DEIN BENEFIT:

*Du eignest dir eine neue, positive Verhaltensweise an, die dein Leben bereichert.*

30 Tage. Für dich selbst. Ohne Druck, aber mit Verantwortung. Du bist eingeladen, eine neue, positive Gewohnheit zu etablieren. Um dich besser zu fühlen oder um etwas Neues zu lernen. Wenn du es mal einen Tag nicht schaffst, ist das kein Weltuntergang. Du darfst nur mit Ehrlichkeit reflektieren, warum nicht. Viel Spaß dabei!

!

MOTIVATION STEHT AM ANFANG,
AM ENDE DIE DISZIPLIN.

*Was ist deine lästigste Angewohnheit?*

Suche dir eine Gewohnheit aus, die du dir in den nächsten 30 Tagen zur Challenge machen willst. Überstürze es nicht, indem du mehrere neue Gewohnheiten auf einmal angehst. Oftmals wollen wir alles auf einmal umsetzen. Das ist meist zum Scheitern verurteilt, und du startest wieder bei null. Fang mit kleinen Schritten an.

- [ ] ........ Seiten oder ........ Minuten in einem Buch lesen.
- [ ] ........ Minuten Sport machen.
- [ ] Maximal .................... Bildschirmzeit haben.
- [ ] Jeden Tag kalt duschen.
- [ ] Jeden Morgen drei Dinge aufschreiben, für die ich dankbar bin.
- [ ] ........ Minuten nach dem Aufstehen nicht direkt aufs Handy schauen.
- [ ] ........ Minuten täglich an meinem Projekt ........................ arbeiten.
- [ ] ........ Liter Wasser am Tag trinken.
- [ ] ........ Minuten meditieren.
- [ ] ................................................................................

# DEIN VERSPRECHEN AN DICH

Ab dem .................................. werde ich für 30 Tage

DATUM

..................................................................................................................

DEINE NEUE GEWOHNHEIT

Wenn ich einen Tag auslasse, sage ich mir ganz ehrlich, warum ich es an diesem Tag nicht getan habe.

..................................................................................................................

UNTERSCHRIFT

# DEINE CHECKLISTE

Mache ein Häkchen, wenn du an diesem Tag deine neue Gewohnheit eingeübt hast.

| ☐ | ☐ | ☐ | ☐ | ☐ | ☐ | ☐ | ☐ | ☐ | ☐ |
|---|---|---|---|---|---|---|---|---|---|
| 1 | 2 | 3 | 4 | 5 | 6 | 7 | 8 | 9 | 10 |
| ☐ | ☐ | ☐ | ☐ | ☐ | ☐ | ☐ | ☐ | ☐ | ☐ |
| 11 | 12 | 13 | 14 | 15 | 16 | 17 | 18 | 19 | 20 |
| ☐ | ☐ | ☐ | ☐ | ☐ | ☐ | ☐ | ☐ | ☐ | ☐ |
| 21 | 22 | 23 | 24 | 25 | 26 | 27 | 28 | 29 | 30 |

Auf einer Skala von 1–10, wie gut konntest du die Challenge bewältigen?

Unter welchen Umständen ist es dir leichtgefallen, die Challenge umzusetzen?

Unter welchen Umständen ist es dir schwergefallen, die Challenge umzusetzen?

Was hat dir geholfen dranzubleiben?

Welche positiven Veränderungen konntest du durch die Challenge beobachten?

Wie kannst du die positiven Auswirkungen verstärken?

Was möchtest du beim nächsten Mal anders machen?

Welche Challenge würdest du gerne noch mal machen?

# REFLEXION

Hier ist noch ein wenig mehr Platz, wenn du über deine Erkenntnisse reflektieren möchtest.

# DU HAST ES GESCHAFFT!

Das war es! Du bist deep in deine Lebensbereiche hineingegangen und hast dich selbst ein großes Stück mehr kennengelernt. Sicherlich hast du einige Entscheidungen getroffen, was du ab nun anders machen wirst.

Wenn du mehr über uns erfahren willst, laden wir dich ein, uns auf Social Media (@nodramaclub) zu folgen.

Folge uns nicht, um zu konsumieren, sondern um Inspirationen zu sammeln, damit du dich noch besser kennenlernst.

**WWW.NODRAMACLUB.DE**

# WILLST DU MIT DIR GEHEN?

- ☐ JA
- ☐ NEIN
- ☐ VIELLEICHT

# RAUM FÜR NOTIZEN

# NACHWORT

Am Anfang dieser Reise erschien es mir wie ein weit entfernter Traum, dass die Bücher aus unserer Reihe «Das Date mit dir selbst» einmal von so vielen Menschen gelesen werden würden. Ich kann mich noch gut an die Anfänge dieses Projekts erinnern: Ich saß mit 2.000 Exemplaren von «Das Date mit dir selbst» in meinem Büro und hoffte darauf, dass sich die Menschen für dieses Buch interessieren würden. Als nach einigen Tagen vierzig Bestellungen eingingen, wussten wir: Jetzt geht's los. Vier Monate später, nachdem uns der Rowohlt Verlag im Frühjahr 2022 vorschlug zu kooperieren, waren wir wieder regelrecht baff. Wir wussten jetzt: Dieses Buch wird mehr Leser:innen erreichen, als wir es uns jemals hätten erträumen können. Es ist unglaublich, wie viele Menschen «Das Date mit dir selbst» inzwischen in den Händen gehalten und sich mithilfe dieses Buches Zeit für sich genommen haben.

Dafür möchte ich Danke sagen: Danke an alle, die uns auf diesem Weg begleiten und unterstützen.

PS: Glaub an dich, es wirkt!

DAS
DATE
MIT DIR
SELBST
DEEPTALK

# NACHWORT

Am Anfang dieser Reise erschien es mir wie ein weit entfernter Traum, dass die Bücher aus unserer Reihe «Das Date mit dir selbst» einmal von so vielen Menschen gelesen werden würden. Ich kann mich noch gut an die Anfänge dieses Projekts erinnern: Ich saß mit 2.000 Exemplaren von «Das Date mit dir selbst» in meinem Büro und hoffte darauf, dass sich die Menschen für dieses Buch interessieren würden. Als nach einigen Tagen vierzig Bestellungen eingingen, wussten wir: Jetzt geht's los. Vier Monate später, nachdem uns der Rowohlt Verlag im Frühjahr 2022 vorschlug zu kooperieren, waren wir wieder regelrecht baff. Wir wussten jetzt: Dieses Buch wird mehr Leser:innen erreichen, als wir es uns jemals hätten erträumen können. Es ist unglaublich, wie viele Menschen «Das Date mit dir selbst» inzwischen in den Händen gehalten und sich mithilfe dieses Buches Zeit für sich genommen haben.

Dafür möchte ich Danke sagen: Danke an alle, die uns auf diesem Weg begleiten und unterstützen.

PS: Glaub an dich, es wirkt!

DAS
DATE
MIT DIR
SELBST
DEEPTALK

# TOM BOBSIEN

# DAS DATE MIT DIR SELBST

*«Schenke dir Zeit mit dir selbst. Werde dir deiner Stärken, deiner Werte und deiner Einzigartigkeit bewusst. Verstehe, was und wer dein Leben prägt oder geprägt hat. Erkenne deine Potenziale und gehe deinen eigenen Weg.»*

«Das Date mit dir selbst» ist ein Reflexionsbuch mit 24 spannenden Übungen, die verblüffende Erkenntnisse über dich, deine Wünsche und Ziele bereithalten. Dieses Buch hilft dir dabei, innezuhalten und der Überforderung des medialen Alltags etwas entgegenzusetzen, dich ganz bewusst nicht ablenken zu lassen, sondern dich auf dich selbst zu konzentrieren. Die Idee von «Das Date mit dir selbst» ist es, weniger zu scrollen und stattdessen zu reflektieren. Eine ehrliche und emotionale Verabredung mit dir selbst, um dem Wirrwarr der Möglichkeiten und äußeren Einflüsse zu entkommen und deinen eigenen Weg zu erkennen.